LES CABARETS

DE ROUEN

en 1556

3ᵉ ÉDITION

Réimprimée sur les deux premières
et accompagnée d'un Avant-propos

PAR UN BIBLIOPHILE

DU QUARTIER MARTAINVILLE

A ROUEN

chez tous les débitants

—

1870

LES CABARETS DE ROUEN

en 1556

Ie

RARETÉS BIBLIOGRAPHIQUES

TIRÉES A CENT EXEMPLAIRES NUMÉROTÉS

dont 96 sur papier vélin anglais
et 4 sur papier de Chine

Exemplaire N° 42.

VINCENT BONA, Imprimeur de S. M., à TURIN

LES CABARETS

DE ROUEN

en 1556

———

3ᵉ ÉDITION

Réimprimée sur les deux premières
et accompagnée d'un avant-propos

PAR UN BIBLIOPHILE

DU QUARTIER MARTAINVILLE

A ROUEN

chez tous les débitants

—

1870

E N juin 1556, trois ans avant la représentation de *l'œil crevé,* dont il se fit mourir, le Roi Henri II porta une atteinte grave à la liberté des tavernes qui s'était maintenue jusqu'alors. Il défendit aux cabaretiers de recevoir chez eux d'autres gens que des étrangers et passants. Son ordonnance, que le Parlement de Normandie enregistra comme tous les autres Parlements du Royaume, inspira sur l'heure à un anonyme rouennais une facétie en vers: « *Le Plaisant* « *Quaquet & resjuyssance des femmes pour ce* « *que leurs maris n'yvrongnent plus en la ta-* « *verne,* » qui eut deux éditions presque simultanées et qui a été réimprimée de nos jours dans le troisième volume de la collection de *joyeusetez,* publiée, vers 1830, par Techener, et dans le sixième du *Recueil de poésies françoises des XVe et XVIe siècles, réunies et annotées par M. A. de Montaiglon* (Paris, P. Jannet, 1857).

Des analogies frappantes de style ont conduit
l'honorable M. de Beaurepaire, archiviste du
département de la Seine-Inférieure, à attribuer
au même poëte un autre livret en rimes que
Charles Nodier a signalé comme une rareté bi-
bliographique et fait connaître aux amateurs par
une notice insérée, en 1835, dans le Bulletin du
bibliophile, sous le titre d'*Echantillons curieux
de statistique.*

L'exemplaire qu'il possédait de cet opuscule (1)
et qui avait appartenu auparavant à Dibdin, a
passé successivement, depuis 1844, dans les bi-
bliothèques du comte d'Auffay et de MM. Desq
et William Martin. Ce dernier l'ayant mis à la
disposition de la société des bibliophiles Normands, elle en a fait, au commencement de
1867, une réimpression très-soignée, réservée
exclusivement à ses membres. Nous produisons
à notre tour cette troisième édition, désirée
depuis assez longtemps par quelques amateurs,
de raretés, en les renvoyant à la spirituelle notice de Nodier, que nous ne nous croyons pas
le droit de réimprimer *in extenso*, non plus que
la savante introduction que M. de Beaurepaire
a placée en tête de la publication des Bibliophiles Normands.

---

(1) V. *Description raisonnée d'une jolie collection de
livres.* Paris, Techener, 1844, N° 589, adjugé à 65 fr
et 299 fr à la vente d'Auffay

Cette introduction relève quelques erreurs commises par Ch. Nodier, notamment au sujet du mot *triballe* dont il n'aurait pas compris le sens. L'ordonnance royale de 1556 interdit à tout tavernier de recevoir chez lui les personnes domiciliées dans la Ville, de les faire asseoir et de leur vendre du vin, autrement que pour l'emporter dans leurs maisons. Les tavernes demeurèrent, du reste, ouvertes aux étrangers de même que les hôtelleries, et l'on épargna les triballes, sorte de débits où l'on vendait le vin au comptoir et sans mettre la nappe. Le journal de l'hôtel de ville de Rouen a enregistré, à la date du 28 avril 1556, la commission donnée par les échevins à un particulier pour faire la recette des aides « sur les taverniers et autres *triballans* vin » et le nom de triballe est resté en usage à Rouen jusqu'au siècle dernier. Il est encore question, dans une nomenclature des cabarets, qui porte la date de 1742, de triballes tenues par plusieurs individus. *L'omnibus restaurant* du seizième siècle ou taverne ambulante colportant des rafraîchissements d'atelier en atelier, et « simplement appelé *triballe* ou « *trimballe* du vieux verbe *trimballer, traîner, « conduire après soi* », ne fut donc pas inventé par le Parlement de Normandie et n'est qu'un produit de la féconde imagination de Nodier.

Ce charmant esprit s'est également trompé en prenant certaines désignations de lieux pour des titres sous lesquels il a rangé les tavernes qui les adoptaient, et faisant ainsi, par exemple, un quartier d'une maison à l'enseigne du *Port du Salut*.

Mais en voilà assez sur la question si peu sérieuse *de tabernis, cauponis et popinis*. Les journalistes qui écrivent pesamment sur les poésies légères de Voltaire sont, a dit Rivarol, comme les commis de nos douanes, qui impriment leurs plombs sur les gazes légères d'Italie. Ne les imitons pas.

A Rouen, le jour de la St. Babolein (26 juin 1870).

UN BIBLIOPHILE
du Quartier Martainville.

Le DISCOVRS demonſtrant ſans feinĉte
Comme maints Pions font leur plainte,
Et les Tauernes deſbauchez
Parquoy Tauerniers ſont faſchez.

A ROVEN

Au portail des Libraires, par Iehan dugort
& Iaſpar de remortier.

Huictain

QUE dictes vous gents de boutique,
Artifains, gents efperlucats,
Gents d'Efglife, gents de pratique,
Et vous qui cerchiez altercas.

Vous avez eu maints gras repas
Auec les Enfans mau-gouuerne,
C'eft faict, de telz vous n'aurez pas,
L'on ne va plus à la Tauerne.

VOVS *qui allez au bout du Pont*
Plus n'eſt qui de l'eſcot repond,
Le Croiſſant ha perdu ſon cours,
La pleine Lune eſt en decours,
L'Ange n'a plus que le bauol,
Les Pigeons ont perdu le vol.
Pour chambre ou ſalle, hault monter
Il fault les Degrez deſconter.
Flacons n'ont l'emboucheure nette,
Sainɗ Françoys n'ha plus de braguette.
De ſainɗ Iacque (qui comme Or luyt)
La triballe eſt encor' en bruit.
Les Cabaretz du long des Kais
Seront cages pour nourrir Gays.
L'eſpée en ſon fourreau ſe rouille,
Credit n'ha le mont de la Bouille.
Le Baril d'Or eſt bas percé,
Le Barillet eſt défoncé.
Le trou du Gredil ſent l'eſuent,
Le Penneret eſt mis au vent.
Le cul Agnes s'ameſgrit fort
L'elephant ne tient plus le fort.
L'agnus dei ce renouueau,
Conuertira ſon Vin en Eau.

Le Hable eſt du tout accablé,
Le Cerf tremble s'il n'ha tremblé,
Le gros Denier n'eſt plus de poix
Et le monſtier n'ha plus de croix.
Neptune ſur l'Eſturgeon beau,
Et le Daulphin nagent en l'Eau.
Le chaulderon eſt tout troué,
Le hola du Bœuf eſcorné.
A preſent, la chaſſe-marée
Sa monſture eſt bien empirée.
Au lieu de Blé, le grand Moulin
Meult la paille & le reuolin.
La Fonteine bouillante ſeine
Ha perdu ſa ſource certaine.
La Pomme d'Or perd ſon effort,
La Croix blanche ſe terniſt fort.
Les Tauernes de ſainÐ Geruais
Sont pour les cauchois & bouvuetz
Hors le Pont, au Clos des Gallez,
Pour Sanniers & Portugallez.
L'on n'y aſſied plus les voiſins
Pour boire le iuſt des Raiſins.
Cela rend aſſez & vaincus
Les bons champions de Bacçus.
Changer faulte port de Salut
Et le nommer ſort de pallut.
Le Salut d'Or perd ſa valeur,
La Penſée perd ſa couleur.
Preſent, la Teſte ſarrazine
N'oſe aſſeoir voiſin ne voiſine.
La verte maiſon eſt depainte,
Les Pelottes n'ont haulte attainte.

L'ymage fainɗe Katherine
Petit à petit fe décline,
Et de Noſtre Dame l'ymage,
Par n'aſſoir cognoiſt ſon dommage.
La Salamandre, en la ruelle,
Sans feu, ſe brusle à la chandelle.
Le petit Lyon eſt paſſé,
Le Chaperon eſt treſpaſſé.
Près la halle, la teſte Dieu
Ne fait miracles en ſon lieu.
La Croix verte qui fut en bruit,
Et le Daulphin ne font plus fruiɗ.
Les Saulciers & l'Ours (ſans efforts)
Se tiendront touſiours les plus forts.
Tauernes, plus l'honneur n'auront,
Les Triballes l'emporteront.
Le Coulomb volle par accent,
La coupe encore ſe deffend.
La fleur de Lys eſt encrouée,
La Barge en l'eau eſt échouée.
L'eſcu de France tient bons termes,
Bien gardant ſes Royalles Armes.
Le grand Gredil, qu'on dit le trou,
Nourriſt chiens pour harer au loup.
Le loup, qui eſt beſte robuſte,
Se meurt par coups de Haquebute,
La hache, la Hure & hureaux
N'oſent plus aſſeoir les Pureaux.
Dont à preſent font laide mine ·
Auec la teſte farraẓine.
Deſſus Robec y eſt la Pelle,
Nul n'y boira, quoy qu'on lapelle.

Le Chaperon de sainct Nigaise
N'est pas tant qu'il fut à son aise;
Bien peult avec les avirons
Dire plus riens ne gaignerons.
Le Coq qui souloit hault chanter
Force luy est de dechanter,
Perdu il ha parolle & voix.
Les Balances n'ont plus de poix.
Quand de la petite Tauerne,
C'est pour les Enfants maugouuerne.
Pour le present, l'Escu de Sable
Passe, comme aux Sacs passe Sable.
Mesme son voisin lagnelet
Ha perdu sa mère de lait.
Le Port destain, dont l'on murmure,
N'est plus de gauge ou de mesure.
Le Rosier ha perdu ses roses,
La Rose ha ses fueilles recloses,
Par defaulte d'auoir bon vent
Le Moulinet ne moult, ne vend.
Les Maillots (pour les gents mutins)
Rendre s'en vont aux Maillotins.
Sainct Martin y va par le val
A pied, par faulte de Cheual.
La Chieure, pour menger du lierre,
Ha rompu sa corde & son tierre.
Les signotz en l'Eau sont serrez
Vittecoqs sont pris en la Retz.
La Croche, auecques l'Arbre d'Or,
Ilz feront bien tost à l'essor,
Près la Porte, le Chapeau rouge
S'en va dehors sans d'ague & vouge,

La bonne Foy, fans ces fouliers,
S'en va loger aux Cordeliers.
De beauuoifine les trois Mores
Auec le lieure ont faiçt defores.
L'eftrieu, le Barillet, la Pierre,
N'y pourront pas grands biens conquerre.
Et du neuf marché les Coquilles
C'eft à eulx à trouffer leurs quilles.
Le petit Pot, le Pelerin
Prendront bien toft autre chemin.
Au regard de la Tour carrée
Elle eft defia fort empirée,
La Croix blanche & la fleur de Lys
Ont perdu foulas & delis.
La Pomme d'or auprès cauchoife
A fon plaifir plus ne degoife.
Bref, à prefent, les Tauerniers
Aillent aprendre autres mefiers.
Les Triballes, pour l'aduenir,
Sauront bien la Ville fournir.
La deffenfe eft chofe très-fainçte,
Mais que gardée foit fans feinçte.
En Parlement, au mois de Iuin,
Arreft en fut par vn matin,
Sur le debat des Tauerniers
Qui en ont perdu maints deniers.

Huiçtain

Ceux qui deffendent les Tauernes
Pour le prefent, ne font pas moins

Que cil qui inuenta Lanternes
Pour donner lumiere aux humains.
La lumiere s'eſtend par tout,
Eſclairant à tout iuſque à ung,
La Tauerne, de bout en bout,
Eſt deffendue à vn chacun.

Huiĉtain

A Dieu, à Dieu, maiſtre Vallet,
A Dieu auſſi ma Chambriere,
Plus ne ſereʒ le friollet,
Et vous ne ſereʒ Cuyſiniere :
Car ceſte ordonnance |derniere
Nous rend à tous les bras rompus.
Viure vous fault d'autre maniere,
Car de ſeruants ne nous fault plus.

Dixaìn

O le grand bien que d'avoir deffendu
Aux Tauerniers d'aſſoir ceulx de la Ville,
Le Vin ſera à bas prix deſcendu
Et au commun profitable & vtille.
Et qui plus eſt, s'on garde ce ſtille,
Vers Dieu ſera vne œuure meritoire.
Car tous ceulx la qui s'amuſoient à boire
Ne deſpendront leurs biens outre raiſon,
Et de leur gaing (à leur hónneur & gloire)
Entretiendront brauement léur maiſon.

Dixain

Puis que Iuſtice en ce fait ha mis l'œil,
Les Tauerniers peuuent bien par tout France
Aller grater tous leurs culꝛ au Soleil,
Et trauailler de leurs mains à puiſſance.
Semblablement gents de faulce conſtance,
Comme muguetꝛ & mignons glorieux,
Seront contrains d'aller viure cheꝛ eulx
Plus ſobrement en honneſte maintien,
Et beſongner, ils n'en vauldront que mieulx,
Car le trauail les fera gens de bien

Dixain

Or, Dieu mercy, Iuſtice ha mis police
En ce cas la, car n'y ha Tauernier
Qui oſe aſſoir (ſur peine de Iuſtice)
Homme de lieu, pour Or, ny ſupplier.
Si vn voiſin avec ſon familier
Se veult eſbatre, ainſi que de raiſon,
Il eſt contrainƌ de boire en ſa maiſon
Et d'enuoyer querir du Vin au Pot,
Par ce moyen en tout temps & ſaiſon,
Femme & enfans ont leur part à l'eſcot.

Huiƌain

Pluſieurs Femmes (pour leurs Marys)
Grand ioye mainƌ, à brief parler,
Mais les Marys en ſont marris
Pource quilꝛ n'oſent y aller

La Femme à ſon Mary s'engagne
Qui deſpend ſon bien ſans raiſon,
Qu'il boit & mange ce qu'il gagne
Sans le porter en la Maiſon.

Huiċtain

Tauerniers, chaſcun ſoit content
Voſtre pouuoir eſt treſpaſſé,
Le Roy le veult, ſa Cour l'entend,
Son Parlement y ha paſſé.
Chantez Requieſcant in pace,
Ou aprenez faire autre choſe,
Vous auez trop long temps braſſé,
Il eſt ſaiſon qu'on ſe repoſe.

Huiċtain

Pour vn Tauernier qui y perd,
Cent mille gents y gagneront,
Qui ne ſoit vray, bien y apert,
Tous les biens en amenderont.
Beurre & Vin tant chers ne ſeront,
Bled, chair, chandelle & autres viures,
De boire les gents s'abſtiendront,
Qui s'en alloient coucher tous yures

Huiċtain

Femmes, pour ces bonnes nouuelles
Faiċtes vœufs & proceſſions,
Preſentez voz vœufs & chandelles

Aux ſainƈʒ, à qui ſemblereʒ belles,
Leurs faiſants vos deuotions.
Ayeʒ pitié des bons Pions
Qui ia (ſans boire) ont le lampas,
Cogneu qu'ilʒ ſont bons champions,
Pour Dieu ne vous en mocqueʒ pas.

Quatrain

C'eſt faiƈ, c'eſt fin de la Tauerne
Pour tous les Yurongnes parfaiƈʒ,
Plus n'en viendront ſouls & inſaiƈʒ,
Comme ſuppos de Maugouuerne.

Imprimé à Rouen par
Iacque aubin.

41

RARETES BIBLIOGRAPHIQUES

Collection d'anciens ouvrages français curieux, en vers ou en prose, littéraires, facétieux ou historiques, et devenus très-rares, réimprimés rigoureusement dans toute la pureté des textes, enrichis de notices et de notes par divers bibliophiles, et tirés à cent exemplaires seulement, dont quatre sur papier de Chine.

EN VENTE:

Ballets et mascarades de cour, depuis le règne de Henri III jusqu'à celui de Louis XIV (de 1581 à 1652), recueillis et publiés d'après les anciennes éditions, rarissimes, et la plupart introuvables aujourd'hui, par M. Paul LACROIX, conservateur de la bibliothèque de l'Arsenal. 6 volumes, petit in-12, dit format elzévirien, tirés seulement à cent exemplaires numérotés, sur papier de Hollande. Prix: 120 francs. — Il a été fait un tirage grand papier, format petit in-8°, à vingt exemplaires, sur papier de Hollande et numérotés. Prix: 180 fr. les six volumes. — L'ouvrage est entièrement terminé, et il ne reste de chaque papier qu'un très-petit nombre d'exemplaires disponibles.

Les Gaillardes poésies du capitaine Lasphrise, publiées d'après les éditions de 1597 et de 1599, avec le portrait fac-simile, et une Notice sur l'auteur, par un membre de la Société des Bibliophiles gaulois. — 18 francs.

Le Double cocu, histoire galante, par de Brémond. Réimprimé sur l'édition de 1679. — Prix: 7 francs.

Les Cabarets de Rouen, en 1556; réimpression textuelle de l'édit. ancienne de Rouen, sans date, avec un Avant-propos par un Bibliophile du quartier Martainville. — Prix: 3 francs.

Les Gayetez, d'Olivier de Magny. Petit in-4. — Prix: 14 fr.

Les Souspirs, du même. — Petit in-4. 14 fr.

Les Amours, du même. — Petit in-4, avec le portrait de Castianire (Louise Labé, la maîtresse de l'auteur). Notice par M. Pr. BLANCHEMAIN, de la Société des Bibliophiles François. — Prix: 16 francs.